爸爸妈妈陪孩子一起玩游戏

苏哲◎编著

吉林科学技术出版社

游戏是孩子的天性

　　高尔基说过："儿童通过游戏，非常简单、非常容易地去认识这个世界。"玩游戏是孩子的天性，他们从游戏中获得乐趣，通过游戏来感知和理解外部的事物，探索未知的世界。如果孩子长期处在封闭、无趣的环境中，孩子会变得压抑，不乐于与他人交往。

　　另外，游戏是符合孩子身心发展规律的一种快乐又积极的活动。在游戏中，孩子的观察力、想象力、创造力、专注力都可以得到激发，表达能力、运动能力、独立能力也得到了很好的锻炼。毋庸置疑，孩子可以在游戏中得到成长和发展。

　　游戏在孩子的日常生活中是必不可少的，在欢乐的情境下，适当的游戏可以给孩子带来稳定的情绪，使孩子获得安全感和对他人的信任感，培养孩子阳光、乐观的个性。在保证安全的前提下，家长不妨放手让孩子玩自己喜欢的游戏，让孩子在玩中学，学中乐。

爸爸妈妈就是孩子最好的"玩具"

你有没有思考过，为什么你的孩子有一筐一筐的玩具，却仍喜欢缠着你？为什么玩具的花样越来越多，却总是玩几次就扔掉了？这是因为，孩子缺少的不是玩具，而是玩伴，再多玩具也比不上爸爸妈妈的陪伴。

玩耍不仅是孩子探索未知世界的途径，更是爸爸妈妈走进孩子内心世界的渠道。只有抓住这个契机，爸爸妈妈才能深入了解孩子的内心世界，了解他们内心的真实想法。在面对孩子无休止的大哭，莫名其妙耍性子的时候，或许大声训斥的方法简单粗暴、速战速决，但是你命令的态度只会让他反感，从而关闭自己的内心，不跟你交流。

家庭是孩子游戏的舞台，爸爸妈妈是孩子最好的"玩具"。孩子在家中就开始无聊地打发时间，久而久之会养成孤僻、不爱与人交往的个性。孩子感受不到家的温暖，感觉不到爸爸妈妈的爱，就很难学会爱别人和自爱，不懂得如何与别人分享心情和感受，从而成为一个"自我"的人。只有将家变成孩子游戏的舞台，让父母做孩子的玩伴，使孩子从与父母的游戏中感受到乐趣，才能让孩子释放自我，锻炼他们的胆量，提高他们的交际能力。充满情趣的爸爸妈妈和轻松欢快的家庭氛围，能够让孩子健康快乐地成长。多智能的玩具，多有趣的电子产品都比不过亲子在一起的快乐时光。**你们的陪伴就是孩子最大的惊喜，你们就是孩子最好的"玩具"，你们比任何玩具都要让孩子喜欢和着迷。**

亲子游戏——孩子健康成长的土壤

　　亲子游戏是孩子和爸爸妈妈之间传递感情的一种方式，为亲子之间的沟通架起了一座桥梁。爸爸妈妈由于工作原因，可能不会时时刻刻陪在孩子身边，但是可以珍惜与孩子在一起的时间，用心地为孩子做一些事情。亲子之间的交流和互动是玩具替代不了的。另外，亲子游戏有着重要的功能，在亲子游戏中，孩子可以接收到来自爸爸妈妈的鼓励、肯定和关爱，学会自信、独立、合作与交际，这有利于孩子身心的健康发展。

　　亲子游戏有利于良好亲子关系的发展。人是社会性的动物，需要从他人身上感知爱、获取爱，从而使关系更加亲密，获得安慰。爸爸妈妈和孩子玩游戏的过程中，孩子会深切地感受到来自爸爸妈妈的爱，对他们产生依赖感，从而获得安全感和信任感，增进亲子之间的感情。爸爸妈妈在这个过程中，也可以和孩子进行沟通交流，增进对孩子的了解，促进孩子身体和智力的发育。

　　亲子游戏有利于孩子身体的健康发展。抓、拿、捏、爬、踩、拉、跑、跳、蹲等各种各样的动作，都有利于孩子肌肉的锻炼，促进孩子身体协调能力和平衡能力的发展。同时，个别游戏需要孩子看准时机，迅速做出反应，这有利于锻炼孩子的反应力和敏捷性。

　　亲子游戏有利于孩子心理的健康发展。通过游戏，孩子可以释放自己的坏情绪，学会调节压力。在未来遇到困难时，会乐观积极地解决问题。在完成游戏的过程中，可能会遇到失败，但是孩子会不惧怕挑战，一次次进行尝试，有利于树立孩子的自信心，提高孩子的抗挫折能力。爸爸妈妈的鼓励，也可以让孩子更好地调节自己的情绪。

亲子游戏有利于孩子认知能力的提升。游戏中，孩子会仔细倾听爸爸妈妈说的话，同时也会与爸爸妈妈进行沟通交流，这能够锻炼孩子的语言表达能力，丰富孩子的词汇量。孩子会认真观察爸爸妈妈是怎样玩这个游戏的，同时，全身心投入游戏有利于锻炼孩子的观察力和专注力。另外，孩子对游戏会有很多自己的想法，不要拘泥于传统的游戏玩法，不妨让孩子天马行空一点儿，让孩子大胆地进行探索和想象，有利于提升孩子的创新能力。

· 目　录 ·

1

Part 2 幼儿期的孩子（2～3岁）

Part 3 学前期的孩子（4～6岁）

Part 1

婴儿期的孩子（0～1岁）

001

蜘蛛悄悄爬上来

此游戏充满欢乐的节奏，能够对孩子的大脑发育产生积极的影响，促进孩子观察力和视觉运动协调性的发展，增进亲子之间的感情。家长的手指经过的地方，会引得孩子"咯咯"地笑，充满趣味性和娱乐性。想听见孩子开心地笑，就来玩这个游戏吧！

游戏步骤

1. 让孩子躺在柔软的床上或者沙发上。

2. 家长的两根手指在孩子的身上像小虫子一样上下来回 "爬"。

12 种游戏效果

专注力	自信心	敏捷力	平衡能力	自控能力	独立能力
✿				✿	
观察能力	抗挫折力	自我认知	语言表达	团队协作	沟通交际
✿		✿			

还可以这样做

家长可以用一个毛茸茸的小球在孩子身上慢慢地滚，给孩子不一样的触觉体验。

002 _____

奇妙的触感

如果家长在孩子的成长初期没有对孩子的触觉进行激发，孩子容易出现怕生、爱哭、挑食、咬人等现象，爸爸妈妈可通过对孩子触感的训练，消除孩子的紧张感。此游戏最好在光线充足、安静的室内进行。

游戏步骤

1. 家长拿一些棉花或棉签放到孩子的眼前，让孩子熟悉这些物品。

2. 熟悉一段时间后，家长用棉花或者棉签扫过孩子的小手、小脚、脸蛋，让孩子慢慢感受这种触觉。每扫到一个部位可以告诉孩子这个部位的名字。比如："这是宝宝的小手。"

3. 在游戏的过程中，家长注意和孩子保持眼神的交流，给孩子充分的安全感。

增加感情　需游戏道具

12 种游戏效果

专注力	自信心	敏捷力	平衡能力	自控能力	独立能力
✿			✿	✿	
观察能力	抗挫折力	自我认知	语言表达	团队协作	沟通交际
✿		✿			

还可以这样做

可以用妈妈的化妆刷或者其他刷头柔软的刷子在孩子身上轻轻地刷来刷去，对孩子进行触觉的强化。

003

感受韵律

> 婴儿期的孩子以训练感知能力、身体协调能力为主。游戏中，家长通过变换孩子姿势，带动孩子做一些肢体动作来开发孩子的右脑。通过播放音乐，使孩子心情愉悦，并开发孩子的乐律感知能力。

游戏步骤

1.家长可以先把孩子放在床上，然后播放一段温和的音乐。

2.一只手拖住孩子的臀部，另一只手从脑后环过，轻轻拍打孩子背部。

3.在孩子耳边低声哼歌，配合着音乐，抱起孩子前后轻轻律动。

4.也可以将孩子放在摇篮中，轻轻晃动摇篮。

增加感情　需游戏道具

12 种游戏效果

专注力	自信心	敏捷力	平衡能力	自控能力	独立能力
🌺		🌺	🌺		
观察能力	抗挫折力	自我认知	语言表达	团队协作	沟通交际
		🌺			

还可以这样做

妈妈可以抱着孩子，让爸爸控制音乐的开关。当音乐响起时，妈妈轻轻摇摆孩子，当音乐关闭时，妈妈保持不动。当音乐再次响起时，继续轻轻摇摆，让孩子感受音乐的律动。注意动作不宜过大，重复进行三五次即可。

004

积木去哪了

此游戏通过不同的玩具、颜色的视觉刺激，帮助孩子认识事物及颜色，以此来锻炼孩子的认知能力，并通过将积木放到身后，让孩子感受空间的变化。游戏时间每次最多不超过五分钟，避免孩子视觉疲劳，产生厌烦的心理。

游戏步骤

1.家长准备好红色和蓝色的不同形状的积木。

2.一只手拿一个积木，放到孩子眼前，举起红色的积木，晃动两下说道："红色红色真好看，一眨眼就不见了。"然后把红色积木放到身后。

3.接着像上个步骤一样，再次晃动蓝色的积木，并说道："蓝色蓝色像浪花，忽悠忽悠飘走啦。"说完后迅速将蓝色积木放在身后。

增加感情　需游戏道具

12种游戏效果

专注力	自信心	敏捷力	平衡能力	自控能力	独立能力
🌺		🌺		🌺	
观察能力	抗挫折力	自我认知	语言表达	团队协作	沟通交际
🌺				🌺	

还可以这样做

家长可以将各种玩具递给孩子，让孩子将它们归类。

005

瓶盖碰碰乐

婴儿期孩子学习的东西越多，就会越聪明。通过这个游戏中不同色彩的瓶盖的运动，可以培养孩子的认知力和注意力；不同空间的变换，提高孩子的专注力和观察能力。

游戏步骤

1. 家长提前准备不同颜色的瓶盖，或给白色的瓶盖涂上不同的颜色，并装在透明盒子里。

2. 爸爸拿着盒子在孩子面前轻轻晃动，或在孩子周围上下左右移动，吸引孩子的注意力。

3. 将盒子交给孩子，抓着孩子的手引导孩子学习爸爸的样子晃动盒子，使瓶盖发出"砰砰砰"的声音。

增加感情　需游戏道具

12 种游戏效果

专注力	自信心	敏捷力	平衡能力	自控能力	独立能力
🌺				🌺	🌺
观察能力	抗挫折力	自我认知	语言表达	团队协作	沟通交际
🌺					

还可以这样做

家长可以把各种颜色的瓶盖穿成一串项链，让孩子拿在手里晃动，使瓶盖发出"砰砰砰"的声音，培养孩子的观察能力。

006

小兔子呢

　　在找小兔子的过程中，可以培养孩子探索外部事物的兴趣，很好地锻炼孩子的手眼协调能力和由部分推断整体的能力。但是这个年龄段的孩子不适合久坐，家长一定要注意掌握好时间，让孩子适当地休息。

游戏步骤

1. 让孩子坐在舒适的床上。

2. 家长和孩子一起玩小兔子毛绒玩具，趁孩子不注意的时候把小兔子藏到被子里。

3. 家长问孩子："小兔子去哪了呢？"这个时候家长可以故意在别的地方翻找。

4. 趁孩子找的时候，家长故意露出小兔子的头，然后指着小兔子的头问孩子："这是什么呀？"引导孩子找出小兔子。当孩子找出小兔子的时候，家长要及时夸奖孩子。

12 种游戏效果

专注力	自信心	敏捷力	平衡能力	自控能力	独立能力
✿				✿	✿
观察能力	抗挫折力	自我认知	语言表达	团队协作	沟通交际
✿					✿

还可以这样做

家长可以在被子里放上其他的小动物玩具，让孩子从中找出小兔子玩具，锻炼孩子辨别事物的能力和观察能力。

007

镜子里面是什么

婴儿期的孩子对外界一切事物都充满了好奇。通过家长的引导，孩子可以看到镜子里的自己，满足好奇心并更好地认识自我。这个游戏简单易操作，可以锻炼孩子的认知力和注意力。

游戏步骤

1.让孩子躺在舒适的床上。

2.家长拿来一面镜子举到孩子的身体上方，保持合适的距离，让孩子可以从镜子里看到自己的脸。

3.家长引导孩子轻轻举起手，告诉孩子镜子里是自己的手。

4.等孩子逐渐对镜子产生兴趣后，家长可以在旁边鼓励孩子在镜子前做出不同的表情，让孩子可以看到自己的变化。

12 种游戏效果

专注力	自信心	敏捷力	平衡能力	自控能力	独立能力
🌺					
观察能力	抗挫折力	自我认知	语言表达	团队协作	沟通交际
🌺		🌺			🌺

还可以这样做

家长可以抱着孩子站在镜子面前，先让孩子照一下镜子，看到镜子里的自己，再把孩子移开，重复几次，让孩子对镜子里的自己产生兴趣，更好地认识自我。

008

谁是运球高手

孩子在家长协助运球的过程中手部会得到锻炼，通过运动也可以促进孩子大脑的发育，增强孩子手脑的灵活性。同时，当家长把球滚向孩子的时候，还可以锻炼孩子的观察能力。通过家长与孩子之间的互动，可以更好地促进亲子感情。

游戏步骤

1. 提前准备好一个小皮球。

2. 家长可以坐在孩子旁边，协助孩子用双手来回滚动小皮球。

3. 当孩子对小皮球熟悉了之后，家长可以坐到孩子的对面，把小皮球轻轻滚到孩子身边，锻炼孩子的观察能力。

增加感情　需游戏道具

▷ 12 种游戏效果

专注力	自信心	敏捷力	平衡能力	自控能力	独立能力
	🌺		🌺	🌺	
观察能力	抗挫折力	自我认知	语言表达	团队协作	沟通交际
🌺				🌺	

还可以这样做

家长可以把小皮球放到孩子的小书包里，让孩子背着小书包，慢慢爬行并把小皮球运到终点，锻炼孩子的爬行能力和身体的平衡性，有利于孩子的身体发育。

009

宝宝坐飞机

和孩子四目相对，可以增加孩子和家长之间的信任感。与孩子进行身体接触的过程中，孩子会获得更多的安全感。同时，这个游戏还可以锻炼孩子的肌肉发育，让孩子感觉到上升和下降的变化，提升孩子的平衡能力。

游戏步骤

1.家长坐在地上，腿部弯曲，把孩子抱着放在膝盖上。

2.家长说："坐飞机喽！准备起飞！"此时可以把孩子慢慢举起，让孩子感知到上升。

3.家长说："飞机到站喽！"此时把孩子轻轻放下，让孩子有下降的感觉。

12 种游戏效果

专注力	自信心	敏捷力	平衡能力	自控能力	独立能力
🌺		🌺	🌺		
观察能力	抗挫折力	自我认知	语言表达	团队协作	沟通交际
		🌺			

还可以这样做

孩子可以坐在家长的肩膀上，家长用手扶好孩子，缓慢地蹲下、站起，让孩子感受上升和下降的感觉，注意保护好孩子的安全。

010

找宝藏

在找宝藏的过程中，不仅培养了孩子的观察力和专注力，而且为孩子智力的发展做好了重要的准备。同时，也使孩子的肌肉得到了锻炼，提高孩子身体的敏捷性。

游戏步骤

1.家长面对孩子，把孩子最喜欢的玩具藏到身后。

2.家长对孩子说："宝贝，妈妈身后有一个宝藏，快去找哦。"

3.让孩子爬行绕过家长来到家长身后，等孩子找到玩具后，家长要及时称赞孩子，和孩子一起玩他最喜欢的玩具。

增加感情　需游戏道具

12 种游戏效果

专注力	自信心	敏捷力	平衡能力	自控能力	独立能力
	✿	✿	✿	✿	
观察能力	抗挫折力	自我认知	语言表达	团队协作	沟通交际
✿					

还可以这样做

家长可以在身后摇晃铃铛、拨浪鼓等有声音的玩具吸引孩子，让孩子顺着声音的方向去寻找玩具。

011

转圈圈

家长帮助孩子转圈圈的过程中，不仅可以开发孩子的情绪智力，促进孩子大脑的发育，还可以和孩子建立亲密的感情，使孩子对家长产生信任感。需要注意的是，对这个年龄段的孩子，家长旋转动作幅度不宜过大，而且要慢一点儿。

游戏步骤

1. 家长把孩子抱在怀里。

2. 家长抱着孩子慢慢地转圈圈，让孩子感受到旋转。

3. 妈妈看着孩子笑，孩子受到感染也会笑起来。

12 种游戏效果

专注力	自信心	敏捷力	平衡能力	自控能力	独立能力
	🌺	🌺	🌺		
观察能力	抗挫折力	自我认知	语言表达	团队协作	沟通交际
				🌺	

还可以这样做

家长可以躺在床上抱着孩子，向两侧慢慢地滚来滚去，晃晃悠悠，孩子会觉得很好玩。

012

爸爸牌不倒翁

爸爸与妈妈相比，有着更加强壮的体魄和更夸张的动作，对于孩子来说，是更为合适的玩伴。孩子与爸爸进行身体接触时，孩子会更有安全感，日后更愿意与爸爸亲近，增进爸爸与孩子之间的感情。同时，这个游戏还可以更好地锻炼孩子的平衡能力。

游戏步骤

1. 爸爸抱着孩子盘腿坐在床上。

2. 爸爸抱紧孩子，缓缓像不倒翁一样向后倾倒。孩子会兴奋地"咯咯"笑起来。

3. 等完全倒下去之后，爸爸再缓缓起身，恢复坐姿。

12 种游戏效果

专注力	自信心	敏捷力	平衡能力	自控能力	独立能力
	✿	✿	✿		
观察能力	抗挫折力	自我认知	语言表达	团队协作	沟通交际
				✿	✿

还可以这样做

家长可以放一首儿歌，抱着孩子，随着儿歌的节奏前后摇摆。

013

肚皮过山车

在和家长进行肢体接触的过程中，孩子会感受到家长带来的安全感，安全感强的孩子通常会比较自信、自爱，明朗、有朝气。同时，孩子趴在家长的肚子上，会调动全身肌肉努力保持平衡，可以有效地锻炼控制力。

游戏步骤

1.家长躺在床上，让孩子趴在家长的肚子上。

2.家长可以先深吸一口气，让孩子做好准备。再深呼一口气，用力把孩子顶起。

3.反复吸气呼气，让孩子感受到家长肚子上下的起伏。

12 种游戏效果

专注力	自信心	敏捷力	平衡能力	自控能力	独立能力
		✽	✽	✽	
观察能力	抗挫折力	自我认知	语言表达	团队协作	沟通交际
✽					

还可以这样做

家长可以用婴儿带把孩子绑在肚子上，孩子背对着家长。这样家长就可以和孩子一起玩玩具，建立良好的亲子关系。

014

爆米花

对于孩子来说，看似简单的动作却能刺激大脑的发育。当孩子的身体随着家长的动作摆动时，可以促进孩子前庭觉的发展。前庭觉的发展关系到孩子的语言能力、专注力的发展。因此，家长应该时刻注意孩子的运动发展。

游戏步骤

1. 家长坐在沙发上，孩子坐在家长的腿上，家长双手卡在孩子的腋下。

2. 家长给孩子说歌谣："玉米粒，笑哈哈，噼里啪啦晃动呀。"说到此句时可以把孩子轻轻左右晃动，并且按照孩子的兴趣多重复几次。

3. "一不小心开了花。嘭！"说到此句时可以将孩子高高举到空中。

增加感情靠游戏道具

12 种游戏效果

专注力	自信心	敏捷力	平衡能力	自控能力	独立能力
🌺		🌺	🌺		
观察能力	抗挫折力	自我认知	语言表达	团队协作	沟通交际
🌺					🌺

还可以这样做

家长可以让孩子模拟爆米花在锅里来回翻滚的动作，家长说"炒一炒，玉米宝宝爬一爬"，让孩子做爬行的动作，"翻一翻，玉米宝宝滚一滚"，让孩子做翻身的动作。

015

球呢

这个游戏最适合已经学会用手指摆弄东西的孩子了。同时，此游戏还可以有效地锻炼孩子的观察能力。

是在这里面吗？

游戏步骤

1.家长准备好一个硬纸板筒，比如保鲜膜的长筒卷心，以及一个乒乓球。

2.和孩子一起坐在地上，把乒乓球放到纸筒里，水平拿着纸筒，不让球掉出来。然后问孩子："球呢？"

3.当孩子看着纸筒时，家长可以问孩子："是在这里面吗？"然后把纸筒倾斜一下，让孩子看到球掉出来。当球掉出来时，孩子会兴奋地笑出来。

增加感情　需游戏道具

12 种游戏效果

专注力	自信心	敏捷力	平衡能力	自控能力	独立能力
✿	✿				
观察能力	抗挫折力	自我认知	语言表达	团队协作	沟通交际
✿					✿

还可以这样做

可以让孩子拿着纸筒，自己控制乒乓球的走向和速度。

016

神奇的玩具

这个年龄阶段的孩子对未知的世界充满了好奇心，尤其会特别喜欢大人用的东西。此游戏可以满足孩子的好奇心，促进智力的发展，培养孩子的观察能力。

游戏步骤

1. 家长先找来孩子最喜欢的小动物图片给他看。

2. 家长拿出放大镜，帮助孩子对着小动物看，家长可以在旁边说："哇，放大镜把小动物变得好大呀，是不是很神奇啊？"

3. 帮助孩子用放大镜看看其他事物，可以看看妈妈的手、周围的玩具或是其他事物。

增加感情　需游戏道具

12 种游戏效果

专注力	自信心	敏捷力	平衡能力	自控能力	独立能力
🌺		🌺	🌺	🌺	
观察能力	抗挫折力	自我认知	语言表达	团队协作	沟通交际
				🌺	

还可以这样做

可以带孩子到室外，拿放大镜观察一下大自然里的树叶或者花朵。

017 ──────────────────

追追赶赶

这个游戏吸引孩子按照听到的声音去行动，不仅可以锻炼孩子的爬行能力和脖颈转动能力，而且对孩子学习语言和情绪发展也十分重要。此游戏应该在孩子精神状态良好的情况下进行。爬行的场地需要宽敞，最好是在铺着泡沫垫的地板上。

游戏步骤

1.家长和孩子一起趴在铺着泡沫垫的地板上，家长在孩子后面。

2.家长对孩子说："宝贝，我来抓你啦！"并快速地向前爬并抓到孩子。

增加感情 需游戏道具

12 种游戏效果

专注力	自信心	敏捷力	平衡能力	自控能力	独立能力
		✿	✿		
观察能力	抗挫折力	自我认知	语言表达	团队协作	沟通交际
✿					✿

还可以这样做

家长可以给孩子画好追逐的路线，让孩子按照规定好的路线前进，训练孩子爬行能力的同时，还培养了孩子的规则意识。

018

会跳的气球

气球是孩子们平时喜欢的玩具之一。如果利用得当，可以很好地锻炼孩子的肢体运动能力和提高孩子的智力发展。此游戏可以有助于孩子更好地探索新事物。

游戏步骤

1. 家长准备一个还没吹起的红色气球，让孩子坐在床上与家长面对面。

2. 家长将气球吹起，注意不要吹得太鼓，然后用手轻轻地拍几下气球（保证气球质量安全）。

3. 家长引导孩子像自己一样轻轻地拍气球，等孩子学会模仿之后，要对孩子进行鼓励和夸奖。

12 种游戏效果

专注力	自信心	敏捷力	平衡能力	自控能力	独立能力
🌺		🌺		🌺	
观察能力	抗挫折力	自我认知	语言表达	团队协作	沟通交际
🌺				🌺	

还可以这样做

家长可以把气球轻轻打向孩子，让孩子学会伸手把气球打回或打向空中。

Part 2

幼儿期的孩子（2～3岁）

019

捏捏捏

　　捏橡皮泥可以锻炼孩子手指的灵活性和手眼协调能力，培养孩子的动手能力，促进大脑的发育。同时，橡皮泥鲜艳的色彩可以让孩子进一步认识不同的颜色，发展孩子的想象力。想象是创作的源泉，家长可以鼓励孩子多探索。

游戏步骤

1.家长准备一盒安全无味的橡皮泥。和孩子坐下来，拿出几块让孩子捏，先示范给孩子看，比如怎么样可以捏成一朵小花等。

2.等孩子对橡皮泥熟悉后，家长可以跟孩子说："来，我们来捏一个小兔子。"家长可以先捏出小兔子的身体，然后再用不同颜色的橡皮泥捏出小兔子的耳朵、眼睛等。

3.家长可以拿起捏好的眼睛问孩子："这大大的眼睛应该放哪里？"引导和帮助孩子把小兔子完整地拼出来。

增加感情　需游戏道具

12 种游戏效果

专注力	自信心	敏捷力	平衡能力	自控能力	独立能力
❀	❀				
观察能力	抗挫折力	自我认知	语言表达	团队协作	沟通交际
❀				❀	

还可以这样做

家长可以让孩子用橡皮泥捏出自己喜欢的样子，让孩子不断地尝试，不管捏成什么样子家长都要对孩子进行鼓励，充分挖掘孩子的创造潜能。

020

糖果不见了

　　孩子在观察糖果去哪了的过程中，注意力会高度集中，有利于培养孩子的观察力，锻炼孩子思维的敏捷度，促进孩子智力的发育。

游戏步骤

1. 家长准备好三个空纸杯，将三个空纸杯并排地倒扣在桌子上。

2. 给孩子看一下手里的糖果，并把它放在桌子上面，用其中一个空纸杯扣住它。

3. 把三个空纸杯混在一起，移动它们的位置，然后让孩子猜："糖果去哪里了呀？"

增加感情　靠游戏道具

12 种游戏效果

专注力	自信心	敏捷力	平衡能力	自控能力	独立能力
🌺		🌺			
观察能力	抗挫折力	自我认知	语言表达	团队协作	沟通交际
🌺		🌺		🌺	

还可以这样做

家长可以把糖果放在自己的手里，把手背到身后，让孩子猜糖果在哪只手里。

021

穿越隧道

　　此游戏可以很好地锻炼孩子的反应能力，同时，可以学到遭遇突发情况怎样处理的能力。这个游戏家长也可以达到健身的效果，可以说是一举多得的游戏。同时，孩子在穿越隧道之后会获得极大的成就感，提高孩子的自信心。

游戏步骤

1. 家长做俯卧撑，一会儿上一会儿下，孩子从家长的身下穿越。

2. 孩子刚要钻出来的时候，家长的俯卧撑落下，把孩子轻轻压住，孩子此时就会慢慢挣扎着要爬出来。

3. 家长此时慢慢起身，让孩子可以爬出。孩子成功脱身之后，对孩子进行鼓励和夸奖。

增加感情　靠游戏道具

12 种游戏效果

专注力	自信心	敏捷力	平衡能力	自控能力	独立能力
	❀				❀
观察能力	抗挫折力	自我认知	语言表达	团队协作	沟通交际
❀					❀

还可以这样做

家长可以跪在地上，用手臂支撑地面，让孩子从膝盖和手臂之间穿过。当孩子要穿过的时候，可以抓住孩子，孩子就会努力想要逃脱。

022 _____

捡糖果

　　想要巧妙地捡起糖果，孩子需要用到手指，这会提高孩子手指的灵活度。同时，在模仿家长的过程中，孩子会逐渐了解游戏规则，有利于培养孩子养成良好的生活习惯，遵守游戏规则，树立规则意识。

游戏步骤

1. 家长把一些糖果放到地板上。

2. 家长和孩子坐在地板上，然后，家长用大拇指和食指捡起糖果放到旁边的收纳盒里。

3. 让孩子模仿家长，用大拇指和食指捡起糖果放到旁边的收纳盒里。

增加感情 需游戏道具

12 种游戏效果

专注力	自信心	敏捷力	平衡能力	自控能力	独立能力
🌺		🌺		🌺	
观察能力	抗挫折力	自我认知	语言表达	团队协作	沟通交际
🌺				🌺	

还可以这样做

家长可以把糖果分成数量明显不同的两堆，引导孩子认识多和少。可以指着多的那一堆说："宝宝这堆糖果多，你可以把它们捡到收纳盒里。"

023

有趣的肢体语言

如果孩子不能表达出自己的内心想法，就会变得焦虑、急躁。当孩子可以用一些简单的肢体语言表达出自己的内心想法时，可以更好地促进与家长或其他人之间的沟通交流，缓解焦虑的情绪，同时变得更阳光、更自信。

游戏步骤

1.家长和孩子面对面坐下来，家长拍拍自己的肚子说："这样的动作说明妈妈吃饱了。"

2.同时，家长可以教会孩子更多的动作，比如"你好""再见""谢谢""恭喜发财"等。

3.等孩子学会后，家长可以测试一下，看看孩子是否记住这些肢体语言。

增加感情　需游戏道具

12 种游戏效果

专注力	自信心	敏捷力	平衡能力	自控能力	独立能力
	🌸			🌸	
观察能力	抗挫折力	自我认知	语言表达	团队协作	沟通交际
		🌸			🌸

还可以这样做

家长可以和孩子换个角色，让孩子做一些动作，家长来猜孩子的意思。

024

爸爸出租车

在爸爸与孩子模拟出租车的过程中，爸爸可以跟孩子进行语言上的沟通和交流，使孩子的思维和语言能力得到提高。同时，孩子会努力保持平衡，有利于身体肌肉的发育。另外，爸爸与孩子在玩游戏的过程中，孩子也可以感受到爸爸给的安全感。

游戏步骤

1. 爸爸把孩子抱在怀里，放在腿上，开始模拟开出租车兜风。

2. "请乘客系好安全带，准备出发。"爸爸可以给孩子描述前方路况，告诉孩子一些基本的交通规则，比如"红灯停、绿灯行"等。也可以偶尔身体左右摇摆，模拟车晃动等情况。

3. 一路上有说有笑，出租车马上到"终点"了。"已安全到达终点，乘客请带好随身物品下车。"

增加感情，靠游戏道具

12 种游戏效果

专注力	自信心	敏捷力	平衡能力	自控能力	独立能力
		🌸	🌸		
观察能力	抗挫折力	自我认知	语言表达	团队协作	沟通交际
			🌸		🌸

还可以这样做

爸爸模拟出租车，孩子可以趴在爸爸背上，指挥爸爸直行、左拐、右拐、刹车。爸爸注意一定要扶好孩子，保证孩子安全。简单的游戏可以让孩子和爸爸的亲密感增涨。

025

在哪里

幼儿期是发展语言的重要时期，家长和孩子沟通交流得越多，孩子的语言系统发展得越完善。同时，此游戏还培养了孩子细致的观察力和注意力，也提高了孩子的记忆力，为孩子的智力发展提供了空间。

游戏步骤

1. 家长带领孩子在客厅里走来走去。

2. 家长在走的过程中指出遇到的物品名称，比如"这是沙发""这是帽子""这是书"等等。

3. 询问孩子遇到过的物品在哪里，孩子答出后要对孩子进行夸奖。

增加感情 需游戏道具

12 种游戏效果

专注力	自信心	敏捷力	平衡能力	自控能力	独立能力
✿					
观察能力	抗挫折力	自我认知	语言表达	团队协作	沟通交际
✿			✿		✿

还可以这样做

家长可以让孩子帮忙把用过的东西放回原处，比如妈妈的口红、爸爸的刮胡刀等，使孩子养成善于观察和不乱放东西的好习惯。

026

色彩世界

这个时期的孩子对于颜色逐渐敏感，在玩此游戏的过程中，可以有效地培养孩子的专注力和注意力。同时，孩子开始有了自主性，渴望获得很多东西，这个时期的家长要让孩子体验到现实和愿望之间的差距，提高他们的抗挫折能力。

游戏步骤

1.家长准备好红色、蓝色、绿色的小皮球各一个，跟孩子说出小皮球对应的颜色。

2.在孩子熟悉了颜色之后，家长可以把小皮球藏到身后，让孩子猜家长将要出示什么颜色。如果孩子说是红色，家长就出示红色；如果孩子说是绿色，家长就出示绿色。同时，要对孩子进行鼓励和夸奖。

增加感情　需游戏道具

12 种游戏效果

专注力	自信心	敏捷力	平衡能力	自控能力	独立能力
	❀			❀	
观察能力	抗挫折力	自我认知	语言表达	团队协作	沟通交际
❀	❀				❀

还可以这样做

可以由爸爸出示小皮球，妈妈和孩子进行比赛，看谁能说出正确的颜色。妈妈不要一直输，可以适当赢孩子几次。让孩子树立正确的竞争观。

027

棉被游戏

在被子里晃来晃去时，孩子为了避免摔倒，会努力保持身体平衡，可以有效地锻炼平衡能力。同时，在游戏过程中，孩子会感受到爸爸和妈妈在保护自己，从而获得更多的安全感和信任感，增进亲子感情。

游戏步骤

1. 让孩子坐在被子的中间位置。

2. 爸爸和妈妈分别拽紧被子的两端，轻轻地前后左右晃动。家长可以对孩子说："坐稳咯，荡秋千了！"

3. 孩子会努力保持平衡，不让自己掉下来。

12 种游戏效果

专注力	自信心	敏捷力	平衡能力	自控能力	独立能力
🌼		🌼	🌼	🌼	
观察能力	抗挫折力	自我认知	语言表达	团队协作	沟通交际
		🌼			

还可以这样做

家长可以把孩子卷到被子里，卷好之后家长抽动被子，让孩子从被子里翻滚出来。

028

扇子会刮风

通过让孩子直接感受到风的存在，可以提高孩子的认知能力，增强想象力，有利于孩子智力的发展。同时，在引导孩子给家长扇风的过程中，可以使孩子获得成就感，有效地增强孩子的自信心。

游戏步骤

1. 家长抱着孩子坐在沙发上，首先找一本故事书，给孩子讲一个关于风的故事。

2. 讲完故事之后，家长拿出扇子，轻轻地给孩子扇风，让孩子感受到风。

3. 等孩子对扇子熟悉之后，孩子可以给家长扇风。

增加感情　需游戏道具

12 种游戏效果

专注力	自信心	敏捷力	平衡能力	自控能力	独立能力
观察能力	抗挫折力	自我认知	语言表达	团队协作	沟通交际
✿		✿			✿

还可以这样做

可以在地上放几个一次性纸杯，让孩子对着纸杯扇，让他看到纸杯被风扇倒。

029

百变积木

　　孩子的运动能力、思考能力和动手能力都可以在这个游戏中得到锻炼。同时，在搭建积木的过程中，还可以锻炼孩子的想象思维能力。

游戏步骤

1.家长准备一堆积木，可以和孩子坐在宽敞的地板上玩耍。

2.家长可以用两个相同的长方形积木拼成一个正方形，两个半圆拼成一个圆形等等，让孩子了解图形之间的组合关系。

3.随后家长可以让孩子自由发挥，摆出他想摆的形状。

12 种游戏效果

专注力	自信心	敏捷力	平衡能力	自控能力	独立能力
✿	✿				✿
观察能力	抗挫折力	自我认知	语言表达	团队协作	沟通交际
✿					

还可以这样做

家长可以准备一套组装类的积木，里面有房屋、家具、爸爸、妈妈、宝宝等。家长可以和孩子一起给拼装好的积木编一个小故事，发挥孩子的想象力。

030

水果大测试

让孩子学会区分水果的种类、颜色、大小，有利于开发孩子的智力。在选用水果的时候，家长要注意兼顾这几种不同的分类方式。同时，在把水果分给不同的玩偶时，也可以培养孩子的分享意识，帮助孩子养成良好的习惯。

游戏步骤

1. 家长把不同的水果放到篮子里，然后让孩子说说篮子里都装有哪些水果。

2. 接着家长问孩子苹果是什么颜色啊？橘子是什么颜色啊？香蕉是什么颜色啊？

3. 再拿出几个不同的玩偶，让孩子把苹果分给小熊，把橘子分给小狗，把香蕉分给小兔子。

4. 在此过程中，孩子说对或是做对了，要及时对孩子进行夸奖，说错或是做错了，家长要告诉孩子正确的，并对孩子进行鼓励。

12 种游戏效果

专注力	自信心	敏捷力	平衡能力	自控能力	独立能力
❀	❀				
观察能力	抗挫折力	自我认知	语言表达	团队协作	沟通交际
❀			❀		❀

还可以这样做

家长可以让孩子摸一摸各种水果，闻闻各种水果的味道，比较各种水果的不同，提高孩子的观察能力和比较能力。

031

芝麻开门

想要锻炼孩子的语言表达能力，在日常生活中就要多和孩子进行有效的沟通交流。经常和父母进行对话的孩子，在与他人交往的过程中，会更善于主动表达自己的想法。简单的游戏就可以对孩子的语言发育起到重大的帮助。

游戏步骤

1. 爸爸和孩子站在卧室里面，妈妈站在卧室外面，不要让孩子单独待在密闭的空间里，孩子会没有安全感。

2. 孩子说出三种水果的名字，妈妈才可以说"芝麻开门"，妈妈打开门，孩子才算通过。

3. 家长也可以和孩子角色反过来，让孩子对家长提出问题，通过之后孩子说"芝麻开门"。

增加感情　靠游戏道具

12 种游戏效果

专注力	自信心	敏捷力	平衡能力	自控能力	独立能力
		🌸			
观察能力	抗挫折力	自我认知	语言表达	团队协作	沟通交际
			🌸		🌸

还可以这样做

家长可以把双臂当作门，抱紧孩子是"芝麻关门"，问孩子一个问题，当孩子回答出问题之后，家长可以张开双臂，就是"芝麻开门"。

032

我要像你那样做

孩子在日常生活中就喜欢模仿家长的动作和语言。通过模仿游戏，可以增加亲子间的互动。还可以提高孩子的注意力和专注力，发展孩子动作的敏捷性，提高孩子的模仿能力。另外，此游戏制定了一定的规则，对孩子的认知发展起着积极的作用。

▶ 游戏步骤

1.家长和孩子面对面坐在地上，家长一边下指令一边做相应的动作，拍拍手、摇摇头、笑一笑等，刚开始的动作可以简单一点儿。

2.家长无论做什么动作，都让孩子一模一样地跟着做。

3.孩子做对了要对孩子进行夸奖，做错了家长也要及时对孩子进行鼓励。

▶ 12 种游戏效果

专注力	自信心	敏捷力	平衡能力	自控能力	独立能力
	🌸	🌸			
观察能力	抗挫折力	自我认知	语言表达	团队协作	沟通交际
			🌸	🌸	🌸

还可以这样做

等孩子熟悉游戏规则之后，可以让孩子发出指令并做动作，家长来模仿。

033

就不像你那样做

当家长下指令和做动作时，孩子的注意力会高度集中，"注意听"是孩子提升信息处理能力的重要手段。同时，和家长反着做的过程中，可以有效地锻炼孩子的逆向思维和反应能力。

游戏步骤

1.家长和孩子面对面坐在地上，先告诉孩子游戏规则，当孩子听到指令后要做出相反的动作。

2.家长开始给出指令，比如家长可以说"举起你的左手"，孩子听到指令后就要举起右手。当家长说"向前走一步"，孩子就要向后退一步。

3.刚开始孩子可能会出错，家长要有耐心，及时对孩子进行鼓励。

增加感情　需游戏道具

12 种游戏效果

专注力	自信心	敏捷力	平衡能力	自控能力	独立能力
	🌺	🌺			
观察能力	抗挫折力	自我认知	语言表达	团队协作	沟通交际
			🌺		🌺

还可以这样做

等孩子熟悉游戏规则之后，可以让孩子发出指令并做动作，家长来做反动作。

034

复述游戏

注意力不集中是很多孩子普遍存在的问题，对他们以后的学习、生活将会产生不利的影响。此游戏在复述的过程中需要孩子注意力高度集中，以接收、记忆和表达自己所听到的内容。同时，可以培养孩子的记忆能力。

游戏步骤

1. 家长先说一些简单的句子让孩子复述，比如"我饿了""我想要去动物园玩儿""我没有听懂你说的话"等。

2. 孩子对游戏规则熟悉之后，家长可以说几个简单的小故事让孩子进行复述。比如三只小猪、龟兔赛跑、小马过河等故事。

3. 孩子在复述的过程中，家长要认真听。孩子讲完故事后，要对孩子进行表扬，提高孩子的积极性。

增加感情　需游戏道具

12 种游戏效果

专注力	自信心	敏捷力	平衡能力	自控能力	独立能力
🌺	🌺				
观察能力	抗挫折力	自我认知	语言表达	团队协作	沟通交际
			🌺	🌺	🌺

还可以这样做

除了复述语言，在给孩子讲故事的时候，还可以让孩子模仿小动物的叫声等。

035

爸爸是个赛车手

孩子在成长的过程中，通过触摸可以获得很多好处。有利于提高他们的认知水平，保持情绪的稳定性，使孩子可以快乐地学习、玩耍，这样有利于未来的发展。同时此游戏可以增强亲子之间的依恋关系。

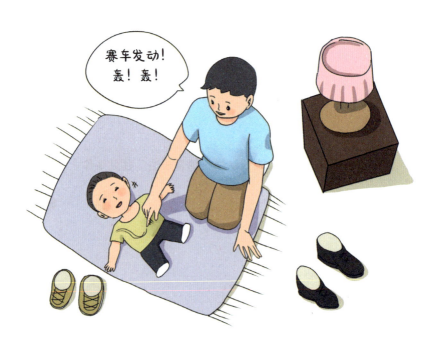

游戏步骤

1.爸爸先跟孩子介绍游戏规则，告诉孩子赛车是行驶速度非常快的一种比赛。

2.孩子平躺在地上，双手呈大字型张开，爸爸把孩子的身体作为赛车的跑道。

3.爸爸喊预备，比赛就开始了。爸爸的食指作为赛车，在孩子身上飞速地"跑"。

增加感情　靠游戏道具

12种游戏效果

专注力	自信心	敏捷力	平衡能力	自控能力	独立能力
🌺	🌺				
观察能力	抗挫折力	自我认知	语言表达	团队协作	沟通交际
		🌺			🌺

还可以这样做

爸爸可以和孩子交换角色，让孩子在爸爸的身上飞速地开"赛车"。

036

运枕头

孩子在运枕头的过程中，为了让枕头不掉到地上，会努力保持身体的平衡，协调孩子的平衡能力和反应能力。有助于孩子大脑的发育，孩子会变得更加聪明，同时可以锻炼孩子的颈部、腰背部和前庭器官。（前庭器官和注意力的发展有着密切的关系。）

游戏步骤

1. 家长准备两个枕头，尽量选择适合孩子的宽大、柔软的枕头，和孩子指定一个地点为终点。

2. 家长先给孩子做示范，把枕头放到头上，保持不让枕头掉到地上，慢慢地走到终点。

3. 对于孩子来说，保持住平衡可能有点儿难。家长可以在旁边悄悄地帮孩子扶一下枕头。

增加感情　靠游戏道具

12 种游戏效果

专注力	自信心	敏捷力	平衡能力	自控能力	独立能力
🌺		🌺	🌺	🌺	
观察能力	抗挫折力	自我认知	语言表达	团队协作	沟通交际
	🌺				

还可以这样做

等孩子熟悉游戏之后，可以适当增加游戏难度，在运枕头的路上设置几个障碍物。

037

毛毛虫

小孩子活泼好动，对一切新鲜事物充满着好奇心，把孩子卷成毛毛虫这个游戏可以激起孩子的求知探索欲。这个游戏简单、好操作，在卧室里就可以随时进行。同时，在孩子挣脱的过程中，还可以锻炼孩子的控制力和灵敏度。

游戏步骤

1.家长准备好一床孩子的被子，把孩子卷到被子里。

2.孩子像毛毛虫一样在被子里动来动去，使劲地从里面挣脱出来。

3.当孩子成功挣脱出来后，家长要对孩子及时夸奖。当孩子挣脱出来有困难时，家长可以在旁边悄悄帮助一下。

增加感情　靠游戏道具

12 种游戏效果

专注力	自信心	敏捷力	平衡能力	自控能力	独立能力
✿		✿	✿	✿	
观察能力	抗挫折力	自我认知	语言表达	团队协作	沟通交际
	✿				

还可以这样做

家长可以准备一个游泳圈套在孩子身上，让孩子扭动身体，像毛毛虫一样从里面挣脱出来。

038 ─────────────────────────────

画家小天才

　　如果大脑的视觉和运动神经在幼儿时期得不到很好的锻炼，那么成年之后他们就会很难"灵活"地适应各种工作。孩子们都喜欢涂涂画画，在和孩子画画的过程中，也可以刺激孩子对色彩的感知力，培养孩子的审美情趣。同时可以锻炼孩子的动手能力。

游戏步骤

1. 家长先在一张空白的纸上画一片蓝色的大海。

2. 家长再找一张空白的纸，帮孩子握住水彩笔，教孩子怎么画大海。等孩子对水彩笔熟悉之后，尽情让孩子画他想画的样子。

3. 孩子画好之后，家长要和孩子一起欣赏所作的画，并对孩子进行夸奖。

12 种游戏效果

专注力	自信心	敏捷力	平衡能力	自控能力	独立能力
🏵				🏵	🏵
观察能力	抗挫折力	自我认知	语言表达	团队协作	沟通交际
🏵					🏵

还可以这样做

家长可以找几张熟悉的图形卡片，让孩子添上简单的几笔变成别的形状。比如一个三角形可以变成一把雨伞、一个圆形变成一个大西瓜等，发挥孩子的创造力和想象力。

039

拍拍乐

在和家长拍手的过程中，为了配合家长的速度，孩子需要极大的专注力，有效地锻炼了孩子的手眼协调能力，培养了孩子的思维想象能力。同时，亲子间的身体接触是增进亲昵感和信任感的好方法。

你拍一
我拍一
一个娃娃
坐飞机

游戏步骤

1. 家长和孩子面对面坐在地上。

2. 家长边念儿歌边拍手，先自己双手拍一下，然后伸出右手去拍孩子的右手，之后左右手交换拍：

你拍一，我拍一，一个娃娃坐飞机；你拍二，我拍二，两个娃娃梳小辫；

你拍三，我拍三，三个娃娃爬高山；你拍四，我拍四，四个娃娃写大字。

3. 家长要有耐心，慢慢引导孩子主动来拍手。

增加感情　游戏道具

12 种游戏效果

专注力	自信心	敏捷力	平衡能力	自控能力	独立能力
🌺			🌺		
观察能力	抗挫折力	自我认知	语言表达	团队协作	沟通交际
			🌺		🌺

还可以这样做

等孩子熟悉游戏规则之后，家长可以加快拍手速度，锻炼孩子的反应能力。

040

小小歌谣

家长对孩子唱歌谣的过程中有助于孩子语言能力的发展，以及对他们未来的阅读能力和表达能力的发展。家长和孩子一起做动作的过程中，也有助于孩子身体机能的发展。同时，锻炼了孩子的注意力、记忆力、节奏感和韵律感。

游戏步骤

1. 家长和孩子面对面站着。

2. 家长对孩子一边唱歌谣一边做动作：

小白兔，白又白，两只耳朵竖起来（两只手比耶状放到头顶上）；

爱吃萝卜和青菜（做吃饭的样子）；

蹦蹦跳跳真可爱（手放到头上蹦几下）。

3. 家长给孩子唱歌谣，让孩子模仿家长做动作。

增加感情 需游戏道具

12 种游戏效果

专注力	自信心	敏捷力	平衡能力	自控能力	独立能力
✿					
观察能力	抗挫折力	自我认知	语言表达	团队协作	沟通交际
✿			✿	✿	✿

还可以这样做

家长可以根据歌谣内容提问孩子，如"小白兔爱吃什么呀""小白兔是什么颜色的"。通过这些简单的提问，锻炼孩子的记忆力。

041

百宝箱

孩子每次从箱子里拿出玩具时都充满了惊喜。此游戏可以有效地锻炼孩子语言沟通的能力，丰富孩子的词汇量。同时，激发孩子探索外部世界的兴趣，培养孩子解决简单问题的能力，培养孩子的记忆力。

游戏步骤

1. 家长准备一个纸箱当作"百宝箱"，然后将积木、小汽车、娃娃、小皮球等玩具放进百宝箱。

2. 让孩子伸手依次从百宝箱里拿出一个玩具，并说出该玩具的名称。

3. 孩子回答出玩具的名称时要对他做出表扬，回答不出时要及时告诉他正确名称。

增加感情的游戏道具

12 种游戏效果

专注力	自信心	敏捷力	平衡能力	自控能力	独立能力
✿					
观察能力	抗挫折力	自我认知	语言表达	团队协作	沟通交际
	✿		✿		✿

还可以这样做

可以进行角色游戏，比如孩子喜欢医生，那么百宝箱里就可以放药瓶、注射器、听诊器、纱布、塑料的手术刀等。

042 —————————————————————

学习"跑跳蹲"

练习"跑跳蹲"的动作对孩子的好处很多，但是一定要保持正确的姿势。这些小小的动作，对孩子以后的发展有重要的作用。比如，孩子会变得更加开朗，更愿意主动表现自己。不仅可以促进神经、肌肉和骨骼的协调发展，还可以提高身体的协调能力。

▶ 游戏步骤

1. 家长告诉孩子游戏规则，先给孩子看一下豹子、袋鼠和青蛙的样子和特点，然后给孩子说指令，听到"豹子"时就做出跑的动作，听到"袋鼠"时就做出跳的动作，听到"青蛙"时就做出蹲的动作。

2. 家长要先给孩子示范正确的动作，让孩子模仿家长的动作。

3. 说指令的时候不用太快，要给孩子反应的时间，孩子做到之后要及时对孩子夸奖。

增加感情　靠游戏道具

12 种游戏效果

专注力	自信心	敏捷力	平衡能力	自控能力	独立能力
	🌺	🌺			
观察能力	抗挫折力	自我认知	语言表达	团队协作	沟通交际
	🌺		🌺	🌺	

还可以这样做

家长可以在A4纸或者小卡片上画上跑步、跳跃、下蹲、跳舞等动作，让孩子抽取卡片，按照抽取的卡片做相应的动作。

043

物归原主

好的收纳习惯可以提高孩子对物品的重视程度，培养孩子的责任感。另外，可以加强孩子的自我管理，使孩子做事更加有效率，对之后的学习和生活起着积极的作用。在收纳的过程中，孩子开始认识到事物之间的相同点和区别，锻炼孩子的逻辑思维能力和记忆能力。

游戏步骤

1.家长准备好一个收纳箱和一个篮子，再分别找一些书籍放到收纳箱里，把玩具放到篮子里，告诉孩子这是书籍和玩具应该收纳的地方。

2.家长把书籍和玩具分别倒出来，再引导孩子把书籍放回收纳箱里，把玩具放回篮子里。告诉孩子下次玩玩具要做到从哪里拿出来就要放回哪里去。

3.在这个过程中，家长需要多引导，孩子会慢慢学会分类整理。

12 种游戏效果

专注力	自信心	敏捷力	平衡能力	自控能力	独立能力
✿		✿	✿		
观察能力	抗挫折力	自我认知	语言表达	团队协作	沟通交际
		✿			

还可以这样做

家长准备好一个收纳箱和很多不同的玩具，并给孩子规划好区域作为玩具的家，比如小熊家、小汽车家等，让孩子把收纳箱里的玩具归纳到相应的区域。

044

做个表情王

生活中我们总会经历各种不同的情绪，喜怒哀乐一直伴随着我们的成长。而孩子从小能够自然地表达自己的情绪，可以提高自我效能感。经常做脸部表情也有利于肌肉的伸展和神经功能的锻炼，还可以锻炼牙齿功能。

游戏步骤

1.家长和孩子面对面坐在一起，给孩子介绍好游戏规则，家长说到一种情绪时孩子要做出相应的表情。

2."开心！"孩子立刻张开嘴巴做出大笑的表情。"生气！"孩子皱着眉头撇着嘴巴表现出被气坏的表情。

3.家长可以和孩子说一些有趣的表情来表演，比如喜欢妈妈的表情。

12 种游戏效果

专注力	自信心	敏捷力	平衡能力	自控能力	独立能力
				🌸	
观察能力	抗挫折力	自我认知	语言表达	团队协作	沟通交际
🌸	🌸			🌸	🌸

还可以这样做

家长可以找几张不同的表情卡片，让孩子模仿卡片上的表情，表现不同的情绪。

Part 3

学前期的孩子 （4～6岁）

045

捕鱼达人

在家长捕鱼的过程中，可以有效地锻炼孩子敏锐的观察能力和灵活的反应能力，同时也有利于身体肌肉发育。在游戏的过程中，会制定一些规则，同时也培养了孩子遵守规则的能力。家长可以痛痛快快地和孩子玩起来了。

游戏步骤

1.家长找一条长浴巾当做渔网，让孩子来当小鱼。在游戏开始前要提示孩子跑的时候注意安全。

2.家长打开浴巾，喊着："渔夫要来抓鱼了，小鱼别跑！"孩子肯定撒腿就跑，一直躲闪。等家长快抓到孩子的时候，又故意把他放跑。

3.经过几次你跑我追，终于可以抓到孩子了。"小鱼终于落网了！"

增加感情　需游戏道具

12 种游戏效果

专注力	自信心	敏捷力	平衡能力	自控能力	独立能力
🌼		🌼	🌼		
观察能力	抗挫折力	自我认知	语言表达	团队协作	沟通交际
		🌼			

还可以这样做

爸爸和妈妈双手相握，高举形成"渔网"，孩子假装小鱼从"渔网"下面"游"过，但是要小心随时会落下的"渔网"把小鱼网住。

046

不会倒的水瓶

通过生活中的一些科学小实验，不仅可以培养孩子的动手能力，还可以提高孩子对科学的兴趣。让孩子在游戏中快乐地掌握科学小知识，帮助孩子了解一些简单的科学现象。

游戏步骤

1. 家长先找来一瓶矿泉水和一张白纸，把白纸放在矿泉水瓶底下。

2. 家长向孩子演示，当快速用力将白纸抽出时，矿泉水瓶并不会倒。

3. 家长可以让孩子自己尝试一下，然后跟孩子解释清楚这一现象其中的原理。

12 种游戏效果

专注力	自信心	敏捷力	平衡能力	自控能力	独立能力
🌺	🌺	🌺			
观察能力	抗挫折力	自我认知	语言表达	团队协作	沟通交际
🌺				🌺	

还可以这样做

关于水的实验还有很多，家长可以在一个玻璃杯里倒满水，用一张卫生纸把杯子口盖住，用手按住慢慢倒过来，此时杯子里的水并不会漏出来。这是因为水有张力和大气压力。

047

寻宝

> 这个游戏可以唤起孩子的好奇心，提高孩子探索外部世界的兴趣。同时，孩子在拿到藏宝图之后，会把图纸和实际的空间结合起来，有利于锻炼空间的感知力。另外，孩子在找寻宝藏的过程中，可能并不会那么轻松，有利于培养孩子独自解决问题的能力。

游戏步骤

1. 家长先把孩子喜欢的玩具藏到家里不同的地方。

2. 家长画出家里的平面图，在上面标好玩具的位置，作为寻宝图给孩子。

3. 孩子按照寻宝图寻找宝物。找不到的时候，家长可以给一些提示。

12 种游戏效果

专注力	自信心	敏捷力	平衡能力	自控能力	独立能力
🌸	🌸				🌸
观察能力	抗挫折力	自我认知	语言表达	团队协作	沟通交际
🌸					

还可以这样做

爸爸把小纸条藏到卧室里，妈妈和孩子一起比赛寻找，看谁找到的小纸条最多，最后可以凭纸条领取奖品。

048

词语接龙

进行词语接龙，能够发展孩子的注意力和听力，锻炼孩子的口语表达能力，丰富孩子的词汇量。孩子按照游戏规则进行游戏，培养孩子的规则意识，对孩子的认知发育起着积极的作用。同时可以有效地锻炼孩子的反应能力。

游戏步骤

1. 家长先和孩子介绍清楚游戏规则，告诉孩子什么是词语接龙。词语接龙的规则就是前面一个词的最后一个字和后面一个词的第一个字是相同音的字就可以了，比如太阳——阳光——光明——明天。

2. 当孩子熟悉游戏规则后，可以由家长来开头，刚开始词语不要选择难度太大的。

3. 也可以好几个人一起玩。当孩子接不出词语时，家长可以在旁边给一些提示。

12 种游戏效果

专注力	自信心	敏捷力	平衡能力	自控能力	独立能力
🌸		🌸			
观察能力	抗挫折力	自我认知	语言表达	团队协作	沟通交际
			🌸	🌸	🌸

还可以这样做

可以规定同一种类型的事物进行接龙，不能重复，比如水果名字的接龙：苹果、香蕉、橘子……当一方不能说出新的水果名字时，游戏结束。

049

你来形容我来猜

这个游戏可以增进家长和孩子之间的情感交流，激发孩子的潜能，促进亲子关系的健康发展。同时，可以发展孩子的语言能力，提高孩子的反应能力。

游戏步骤

1.家长准备好几张水果的图片，比如香蕉、橘子、西瓜、火龙果、桃子等，告诉孩子每种水果的特征是什么。

2.家长把图片反过来放在地上，每次拿起一张图片举到头顶，让孩子来描述水果的特征，家长猜是什么水果。猜不中的水果可以过，换下一张。

3.等家长猜完之后，角色互换。由孩子举起水果的图片，家长来描述看到的水果，让孩子猜水果是什么。家长和孩子也可以进行比赛，看谁猜中的水果最多。

增加感情　需游戏道具

12 种游戏效果

专注力	自信心	敏捷力	平衡能力	自控能力	独立能力
观察能力	抗挫折力	自我认知	语言表达	团队协作	沟通交际
❀			❀	❀	❀

还可以这样做

可以准备一组词语，由爸爸用肢体语言展示给妈妈和孩子看。妈妈可以和孩子比赛，看谁猜中的数量多即为获胜。

050 _____

灭掉的蜡烛

孩子往往对生活中好玩的事情比较感兴趣，这个游戏可以培养孩子对事物的好奇心，乐于大胆探究和实验。同时，在蜡烛熄灭的过程中，可以锻炼孩子的专注力和思考力，开发孩子的智力。"蜡烛的燃烧需要氧气"这个原理我们可以通过游戏让孩子简单地认识到，激发孩子对科学的兴趣。此游戏要在家长保护下进行，孩子不可单独玩火。

游戏步骤

1. 家长点燃一根蜡烛，找一个空盘子，在盘子上滴几滴蜡油，把蜡烛固定在盘子上。

2. 引导孩子用各种方法熄灭蜡烛，可以用嘴吹或者用手扇。

3. 家长再用另外一种方法将蜡烛熄灭，找一个玻璃杯把蜡烛罩住，过一会儿蜡烛就会熄灭。家长要跟孩子讲明原理，蜡烛的燃烧需要氧气，当玻璃杯中氧气用完了蜡烛就会熄灭。

增加感情　需游戏道具

12 种游戏效果

专注力	自信心	敏捷力	平衡能力	自控能力	独立能力
🌼	🌼				
观察能力	抗挫折力	自我认知	语言表达	团队协作	沟通交际
🌼				🌼	🌼

还可以这样做

家长可以找一个空的瓶子，在里面倒入醋和小苏打。点燃一根蜡烛，将瓶口对准蜡烛燃烧的火苗，蜡烛马上就会熄灭，这是因为醋和小苏打产生了二氧化碳，二氧化碳会熄灭蜡烛。

051

旋转风车

这个游戏可以锻炼孩子的身体平衡能力，增强孩子的腿部力量，提高孩子身体的灵活性。

孩子在家长的保护下可以勇敢地进行挑战，提高孩子的自信心，在以后遇到问题时会更加坚强地面对。另外，孩子在旋转的过程中可以看到不同角度的世界，有利于提高孩子的认知能力，激发孩子探索外界的兴趣。

游戏步骤

1. 家长拽着孩子的胳膊，孩子的双脚分别踩在家长的膝盖上。

2. 孩子踩着爸爸的膝盖像风车一样慢慢旋转360度，家长的动作要轻一点儿，不要伤到孩子的胳膊。

3. "旋转成功！"家长慢慢把孩子放下。

12 种游戏效果

专注力	自信心	敏捷力	平衡能力	自控能力	独立能力
	🌺	🌺	🌺		
观察能力	抗挫折力	自我认知	语言表达	团队协作	沟通交际
					🌺

还可以这样做

可以在地上放三个纸杯，摆成三角形的形状。家长和孩子面对面站立，双脚同时跳过自己右边的杯子。

052 _____

抓尾巴

当孩子在追逐家长的过程中，腿部力量得到了加强，肌肉得到了锻炼。同时，孩子的大脑在确定家长的位置、思考追逐的路线和准确抓住毛巾的过程中，会进行飞速地转动，有利于开发孩子的智力，提高孩子的观察力和敏捷度。

游戏步骤

1.家长准备两条毛巾，和孩子分别把毛巾别到裤腰里，做成尾巴的样子。

2.家长和孩子互相抓对方的尾巴，刚开始家长可以先抓孩子的尾巴，带孩子熟悉游戏规则。

3.等孩子熟悉了游戏规则之后，可以反过来让孩子抓家长的尾巴。

增加感情　需游戏道具

12 种游戏效果

专注力	自信心	敏捷力	平衡能力	自控能力	独立能力
	✿	✿	✿		
观察能力	抗挫折力	自我认知	语言表达	团队协作	沟通交际
✿	✿				

还可以这样做

家长和孩子脚上分别绑上气球，互相追击对方，谁先踩破对方的气球就算获胜。家长可以适当做假动作，让游戏变得更有趣。注意要保护孩子安全。

053

瓶盖大战

用手指轻轻一弹，瓶盖就飞出去了。看起来简单的动作，但是在这个过程中，锻炼了孩子的手眼协调能力、观察力和专注力，孩子会获得巨大的成就感。同时，在弹瓶盖时，肌肉得到了锻炼，有利于大脑的发育。马上和孩子痛痛快快地玩起来吧！

游戏步骤

1. 家长准备好几个不同颜色的瓶盖，可以让孩子选择其中一个颜色的瓶盖当弹球，去弹其他颜色的瓶盖。

2. 用食指去弹瓶盖，当瓶盖与另一个瓶盖发生碰撞时，才算成功。

3. 家长可以和孩子一起比赛，谁弹到的瓶盖多就算胜利。

增加感情　需游戏道具

12 种游戏效果

专注力	自信心	敏捷力	平衡能力	自控能力	独立能力
✿		✿	✿		
观察能力	抗挫折力	自我认知	语言表达	团队协作	沟通交际
		✿			

还可以这样做

家长可以准备若干不同的塑料瓶，把每个瓶子的瓶盖取下来，把不同大小的瓶盖放到一起，让孩子挑选合适的瓶盖给瓶子盖上。

111

054

洞穴冒险

　　在家里就可以玩的简单小游戏，让孩子体验冒险的乐趣，培养孩子良好的心理素质、勇敢顽强的精神品质和细致严谨的思维能力。同时，在黑暗的环境里进行冒险，可以提高孩子的空间感知力。快和孩子一起开始冒险之旅吧。

游戏步骤

1. 家长准备好几个玩具作为宝藏放到屋子里，等到天黑之后屋子里和洞穴一样黑再和孩子一起玩这个游戏。

2. 家长告诉孩子要找的玩具是什么，然后打开手电筒和孩子一起在漆黑的屋子里寻找宝藏。

3. 在寻找的过程中家长要鼓励孩子勇敢，适当的时候可以提示孩子玩具的位置。

增加感情　需游戏道具

12 种游戏效果

专注力	自信心	敏捷力	平衡能力	自控能力	独立能力
	🌺				🌺
观察能力	抗挫折力	自我认知	语言表达	团队协作	沟通交际
	🌺			🌺	🌺

还可以这样做

临睡前，家长可以在孩子的被窝里藏好玩具，如娃娃、小汽车等，然后鼓励孩子钻进被窝寻找。黑漆漆的被窝增添了探险的气氛，对于孩子来说是紧张又刺激的游戏。

055

击中靶心

　　给孩子设置一个目标点，孩子完成之后会提高自信心，获得巨大的成就感。孩子为了射中靶心，注意力会高度集中，有利于培养孩子的专注力和观察力，锻炼手眼协调能力。试着和孩子一起玩这个游戏吧，孩子可能会想一直玩个不停呢。

游戏步骤

1.家长和孩子一起折几个纸飞机当飞镖，在硬纸壳上画几个同心圆当作靶子，要清楚标明靶心的位置。

2.把靶子挂到墙上，家长和孩子站到两米远的位置，比赛看谁能够击中靶心。

3.孩子刚开始可能命中靶心的概率并不高，家长要鼓励孩子多尝试几次。

增加感情　需游戏道具

12 种游戏效果

专注力	自信心	敏捷力	平衡能力	自控能力	独立能力
🌼	🌼				
观察能力	抗挫折力	自我认知	语言表达	团队协作	沟通交际
🌼	🌼				

还可以这样做

家长准备若干便签纸和一个沙包。在便签纸上写上不同的汉字并贴到门上，家长说到一个字，孩子用沙包击打并读出那个汉字。

056 _____

拖鞋投壶大赛

　　投壶游戏可能我们并不陌生，用拖鞋投壶是什么样子呢？听起来就好有趣啊。在用拖鞋投壶的过程中，可以锻炼孩子的身体平衡能力和手眼协调能力，更能培养孩子的自制力和专注力。在游戏中，难免会有失败挫折，勇敢克服困难，可以锻炼孩子的抗挫折能力。

游戏步骤

1.家长找一个干净的桶放在地上，家长和孩子站在离桶两米远的地方。

2.家长先给孩子示范，利用脚腕的力量把鞋子扔到桶里去。

3.等孩子明白规则之后，家长就可以和孩子一起比赛，看谁能更准确地把鞋子扔到桶里去。

增加感情　需游戏道具

12 种游戏效果

专注力	自信心	敏捷力	平衡能力	自控能力	独立能力
✿	✿	✿			✿
观察能力	抗挫折力	自我认知	语言表达	团队协作	沟通交际
✿					

还可以这样做

家长可以和孩子用沙包进行投壶，需要将沙包扔到桶内，家长和孩子进行比赛，看谁扔得又准又多。

057 _____

无手乒乓球大赛

    不拘泥于传统的乒乓球规则，不用手、不用乒乓球拍也不用球网，我们改用嘴吹动乒乓球，这听起来可能有点儿不可思议。通过这个游戏，可以锻炼孩子忍耐、专注、执着的能力，使孩子遇到挫折不气馁、不放弃。快和孩子来一场别出心裁的乒乓球大赛吧。

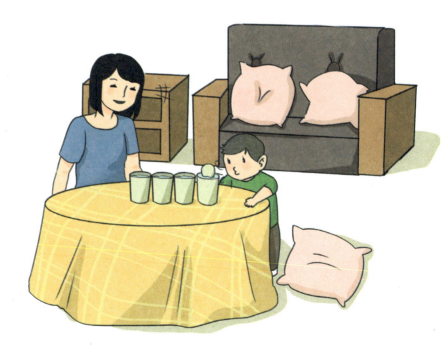

游戏步骤

1.家长在桌子上放几个大小一样的杯子排成一排，每个杯子都装满水，第一个杯子里放一个乒乓球。

2.家长教孩子嘴巴和乒乓球的高度一致，才能把球吹到另一个杯子里。

3.跟孩子讲明不能用手拿球，只能用嘴吹。家长和孩子比赛，将乒乓球从第一个杯子里吹到最后一个杯子里。

增加感情　需游戏道具

12 种游戏效果

专注力	自信心	敏捷力	平衡能力	自控能力	独立能力
🌸	🌸			🌸	
观察能力	抗挫折力	自我认知	语言表达	团队协作	沟通交际
🌸					

还可以这样做

家长可以在桌子的一个边缘用胶带粘几个一次性的纸杯，孩子从桌子的另一边将乒乓球吹到纸杯里。家长可以和孩子比赛，吹进乒乓球多者获胜。

058

屁股着火啦

习惯了站着走路，这次换成坐在地上用屁股和脚移动会怎么样呢？对于家长和孩子来说，这可能并不容易。这个游戏有利于培养孩子的耐心和忍耐力，明白规则的意义，学会遵守游戏规则。

游戏步骤

1.家长和孩子坐在地板上，把手放到地上撑住地面，用屁股和脚一起往前移动。

2.家长要跟孩子讲明游戏规则，不能站起来走，孩子刚开始可能会有点儿吃力，家长要对孩子进行鼓励。

3.家长可以和孩子进行比赛，看谁先到达终点。

增加感情　需游戏道具

12 种游戏效果

专注力	自信心	敏捷力	平衡能力	自控能力	独立能力
		🌸	🌸	🌸	
观察能力	抗挫折力	自我认知	语言表达	团队协作	沟通交际
🌸	🌸				

还可以这样做

家长可以和孩子一起蜘蛛走，注意，此时屁股要离开地面，用手和脚在地上移动。

059

戳破报纸

跟孩子一起玩这个有挑战性的游戏，孩子努力去戳破报纸，可以提高身体的灵敏性和协调性。同时，给孩子适当增加难度之后，可以锻炼孩子勇敢面对困难的精神。对孩子今后的学习和生活都起着至关重要的作用。

游戏步骤

1. 家长找几张旧报纸，用双手提起报纸。

2. 孩子可以尝试一切办法，比如用拳头、指头或者是手掌去努力戳破报纸。

3. 家长可以适当给孩子增加难度，比如上下左右移动报纸，不让孩子轻易戳破报纸。

增加感情　需游戏道具

12 种游戏效果

专注力	自信心	敏捷力	平衡能力	自控能力	独立能力
🏵	🏵				
观察能力	抗挫折力	自我认知	语言表达	团队协作	沟通交际
🏵	🏵				

还可以这样做

爸爸和妈妈可以各拿报纸的两角，形成一堵纸墙，孩子加快速度冲向纸墙，努力冲破报纸。注意保护孩子安全。

060

跳高高手

> 想要孩子成为跳高高手，需要全家人的配合。爸爸妈妈帮孩子拉着绳子，会让孩子更有安全感，成就感也会加倍。同时，孩子必须控制好全身的肌肉保持平衡，有利于孩子身体的发育，自我效能感也会得到发展。

游戏步骤

1. 爸爸妈妈分别拉住绳子的两端，刚开始绳子的高度放低一点儿，让孩子能够简单地双脚跳过去。孩子成功之后要及时夸奖。

2. 等孩子跳过去之后，家长可以给孩子适当增加难度，绳子稍微放高一点儿。

3. 注意不要在光滑的地面跳，小心孩子滑倒，要保证孩子安全。

增加感情　需游戏道具

12 种游戏效果

专注力	自信心	敏捷力	平衡能力	自控能力	独立能力
	🌸	🌸	🌸	🌸	
观察能力	抗挫折力	自我认知	语言表达	团队协作	沟通交际
	🌸				

还可以这样做

可以选择在宽敞的客厅，按间距 50 厘米放 5 个小的矿泉水瓶。孩子从第 1 个矿泉水瓶开始双脚跳跃，跳过矿泉水瓶时，不能碰到矿泉水瓶。锻炼孩子的弹跳能力。

125

061

爬山

父爱如山，比山更伟岸。爸爸由于体格健壮，在很多游戏上比妈妈更有优势，孩子玩得会更过瘾。孩子不仅会变得更加有力量，更加阳光，而且还可以培养孩子坚强独立、勇敢面对困难的精神品质。那么，爸爸这次作为山的角色，就快和孩子痛痛快快地玩起来吧。

◤ 游戏步骤

1.爸爸躺在床上当大山，可以拿孩子喜欢的玩具吸引他，让孩子手脚并用地从下往上爬。

2.孩子在爸爸身上翻山越岭，爸爸可以适当地帮助一下孩子。

3.等孩子摸到爸爸的头部即为挑战成功。

增加感情　需游戏道具

◤ 12 种游戏效果

专注力	自信心	敏捷力	平衡能力	自控能力	独立能力
		🌼	🌼	🌼	
观察能力	抗挫折力	自我认知	语言表达	团队协作	沟通交际
🌼					

还可以这样做

爸爸可以当孩子的滑梯，粗壮的手臂作为"栏杆"，强壮的大腿作为"滑梯"，孩子可以紧紧抓住"栏杆"，从"滑梯"上慢慢滑下来。

062

看谁力气大

家长和孩子一起玩推手的游戏，不仅可以锻炼孩子的手臂力量和身体控制能力，还可以锻炼孩子的平衡能力。游戏过程中，需要家长和孩子互相对视，可以增加彼此之间的亲密感，孩子会获得更多的安全感，增进亲子关系。

游戏步骤

1.家长和孩子面对面站立，用手掌互推对方，不能碰对方身体其他部位。

2.家长和孩子可以前倾后仰，但是脚不能挪动。

3.谁先离开原先站立的点，谁就输了。

增加感情　靠游戏道具

12 种游戏效果

专注力	自信心	敏捷力	平衡能力	自控能力	独立能力
🌸	🌸	🌸	🌸	🌸	
观察能力	抗挫折力	自我认知	语言表达	团队协作	沟通交际

还可以这样做

家长可以和孩子掰手腕，孩子小时候手部力气较小，家长可以假装输给孩子，避免过于用力伤害孩子。

063

找字游戏

　　在游戏中识字，让孩子动手动脑，借此提高孩子的词汇量和语言组织能力。可以用比赛的形式提高孩子的兴趣，使孩子熟记之前学过的生字，最好是爸爸妈妈和孩子一起玩。可以让孩子多赢几局，调动孩子学习的积极性。

游戏步骤

1.家长准备很多张识字卡片，摆在宽阔的地板上。

2.爸爸可以做裁判，爸爸说一个字，妈妈就和孩子一起找这个字，看谁先找到。

3.妈妈和孩子进行比赛，看谁找到的次数最多，第一名可以有适当的奖励。

增加感情　需要游戏道具

12 种游戏效果

专注力	自信心	敏捷力	平衡能力	自控能力	独立能力
✿					

观察能力	抗挫折力	自我认知	语言表达	团队协作	沟通交际
✿	✿				✿

还可以这样做

家长可以找一本孩子的故事书，家长说一个字，孩子从故事书里找出这个字。

064

图形拼图

把图形的各个部分拼在一起，可以让孩子感知到图形组合后的完整性，培养孩子善于观察事物的能力，锻炼孩子手指的灵活性。同时，不同颜色的部分可以增加孩子对色彩的敏感度，提高孩子对美的鉴赏力和感受力。

游戏步骤

1.家长准备不同颜色的卡纸若干、胶棒一个、剪刀一把。

2.家长和孩子用不同颜色的卡纸做一只小兔子的各个部分，剪一个黄色的圆当作小兔子的脸，剪六根白色的长条当作小兔子的胡须，再剪两个长长的蓝色的耳朵。

3.让孩子把各个部分拼起来，拼成一个完整的小兔子，再给小兔子画上眼睛。

12 种游戏效果

专注力	自信心	敏捷力	平衡能力	自控能力	独立能力
🌼				🌼	🌼
观察能力	抗挫折力	自我认知	语言表达	团队协作	沟通交际
🌼				🌼	

还可以这样做

家长在桌上放许多不完整动物的图片，有的可能缺耳朵，有的可能缺鼻子，将缺的部分混在一起，让孩子从中选出不同动物缺的部分，并贴在相应部位。

065

时髦的勺子

　　不要小看小小的勺子，它不仅可以作为吃饭用的餐具，还可以用来做游戏的材料。家长和孩子一起给勺子装扮出一个新的形象，让孩子享受创作的乐趣，给孩子更多发挥想象力的空间，有利于提高孩子的审美力和动手能力。除了用勺子搅拌食物，快和孩子做一些有趣的事情吧。

游戏步骤

1. 家长准备几个木制的勺子、画笔、钢笔、卡纸、双面胶和毛线。

2. 家长和孩子一起，用画笔给勺子画上眼睛、鼻子和嘴巴，用卡纸给勺子做衣服，卡纸用双面胶粘在勺子上，还可以用毛线给勺子做头发。

3. 孩子可以自由发挥，按照自己的喜好，给勺子设计不同的形象。

增加感情　需游戏道具

12 种游戏效果

专注力	自信心	敏捷力	平衡能力	自控能力	独立能力
🌺					🌺
观察能力	抗挫折力	自我认知	语言表达	团队协作	沟通交际
🌺				🌺	

还可以这样做

可以把彩色的勺子装扮成小动物，比如把黄色的勺子作为长颈鹿的身体，再用其他的材料制作长颈鹿的眼睛、耳朵、嘴巴等。

066 _____

垃圾分类大比拼

　　垃圾分类是社会进步的标志。随着生活水平的提高，我们每天产生的垃圾也在增多。通过这个游戏，有利于孩子了解垃圾分类的重要性，掌握垃圾分类的知识，树立保护环境的意识，增强社会责任感。快和孩子一起玩这个游戏吧，一定可以收获满满的知识。

游戏步骤

1.家长准备几个小的分类垃圾桶和废纸、旧玩具、电池、香蕉皮等不同类别的垃圾。

2.家长先跟孩子讲明不同的垃圾要怎么分类，等孩子熟悉分类的规则之后，家长可以让孩子尝试把不同的垃圾扔到不同的垃圾桶里。

3.刚开始孩子可能会把垃圾扔到错误的垃圾桶里，家长要在旁边及时纠正，使孩子准确地了解分类知识。

12 种游戏效果

专注力	自信心	敏捷力	平衡能力	自控能力	独立能力
🌼				🌼	🌼
观察能力	抗挫折力	自我认知	语言表达	团队协作	沟通交际
				🌼	🌼

还可以这样做

可以对孩子采取趣味问答的形式，当家长提问某个物品属于什么垃圾时，孩子回答正确可以得到一个小礼品。

067

移动的影子

对于大人来说,影子可能是日常生活中常见的事物,只要有光的地方影子就会一直伴随着我们。但是对于孩子来说,影子是新奇的、神秘的,是之前不曾接触过的。和孩子一起观察移动的影子,有利于孩子将影子与具体的事物相区分,提高孩子的认知能力。

游戏步骤

1. 家长和孩子选一个晴朗的天气到公园里，注意观察四周环境，找一个安全的地方。

2. 家长先引导孩子发现他自己的影子，然后再让他找一下家长的影子。让孩子观察一下，当人在移动时，影子是怎样变化的。

3. 等孩子对影子熟悉之后，可以让孩子和妈妈跑，爸爸当踩影子的人。注意不要跑得太快，防止孩子摔倒。

12 种游戏效果

专注力	自信心	敏捷力	平衡能力	自控能力	独立能力
		✿	✿		
观察能力	抗挫折力	自我认知	语言表达	团队协作	沟通交际
✿		✿			

还可以这样做

晚上可以和孩子到有路灯的地方，和孩子观察自己的影子，了解人移动时影子是怎样变化的，带孩子探索不一样的世界。

068

用盐画画

我们日常生活中见到的盐除了调味还可以用来做什么呢？可能很少有人会把盐和"艺术"联系到一起，现在就让我们和孩子一起走进这个游戏，共同揭开盐的神秘面纱吧。孩子通过这个游戏，可以尽情发挥自己的想象力，快来一起走进"艺术"的世界吧。

游戏步骤

1.家长准备若干卡纸、一瓶胶水、几只画笔、少量盐和不同颜色的颜料。

2.家长和孩子一起把画笔浸到胶水里，在卡纸上作画，画完之后就可以把盐倒到画上，确保盐把用胶水作的画都覆盖住。

3.把多余的盐倒掉，然后用其他画笔浸到颜料里，在盐的上面沾一下，颜料很快就会被盐吸收了，直到所有的盐都沾上颜色，一幅美丽的画就完成了。

增加感情　需游戏道具

12 种游戏效果

专注力	自信心	敏捷力	平衡能力	自控能力	独立能力
✿		✿		✿	
观察能力	抗挫折力	自我认知	语言表达	团队协作	沟通交际
✿				✿	

还可以这样做

可以用盐水在图画纸上作画，当晾干后家长和孩子一起观察其变化，晾干之后图案会消失。

141

069 _____

石头拼拼乐

> 随处可见的石头也可以玩出新花样。通过这个游戏，可以激发孩子用石头作画的兴趣，提高对大自然的探索欲。而且创作不同的石头拼画，也有利于激发孩子的创造力和想象力。

游戏步骤

1. 家长准备不同颜色、大小、质地的石头若干。

2. 孩子可以选择自己喜欢的造型，比如大树、鲨鱼、花朵、汽车等等，在地板上用石头进行创作。

3. 家长和孩子一起参与，鼓励孩子发挥想象力和创造力进行石头拼画。

12 种游戏效果

专注力	自信心	敏捷力	平衡能力	自控能力	独立能力
❀					❀
观察能力	抗挫折力	自我认知	语言表达	团队协作	沟通交际
❀					❀

还可以这样做

家长和孩子可以直接在石头上 DIY 作画，孩子可以充分发挥想象力，选择自己喜欢的图案，尽情地在石头上面涂鸦吧。

070

制作大自然的印记

大自然有其独特的美，那么怎样才能把它带回家呢？这个游戏可以让孩子近距离地接触大自然，让孩子从小培养细心观察、热爱大自然的好习惯。同时把大自然当作孩子的自然课堂，锻炼了孩子的动手能力和创作能力。

游戏步骤

1. 家长准备纸、蜡笔和胶带，带孩子到附近的公园去。
2. 孩子可以找几棵自己喜欢的树，把纸用胶带粘在树皮上，用蜡笔在上面来回描绘，蜡笔可以选用不同的颜色。
3. 还可以寻找其他植物，比如找几片叶子，把纸盖在上面，用蜡笔描绘。

增加感情　需游戏道具

12 种游戏效果

专注力	自信心	敏捷力	平衡能力	自控能力	独立能力
🌸	🌸				🌸
观察能力	抗挫折力	自我认知	语言表达	团队协作	沟通交际
🌸					🌸

还可以这样做

家长可以带孩子到户外收集颜色、形状、大小不一样的树叶，教孩子认识各种树叶，感受大自然的魅力。挑选好看的树叶带回家，家长可以在白纸上画一个树干，和孩子一起给树干贴上树叶。

071

小小菜农

　　家长和孩子一起参与种菜的过程，让孩子记录并见证菜籽的播种、浇水、发芽、生长的生命历程，对孩子来说有着非同凡响的意义。这不仅仅是一个简单的游戏，可以提高孩子对大自然探索的兴趣和对生命的敬畏感，还知道蔬菜来之不易，会更加节约粮食和热爱生活。

游戏步骤

1. 家长和孩子准备好菜籽、土壤、泡沫箱和小铲子。

2. 把土倒在泡沫箱子里。

3. 把菜籽种到土里，家长就可以和孩子一起给菜籽浇水了。

3. 家长可以和孩子每天记录菜籽生长状况，和孩子一起培育好菜籽。

12 种游戏效果

专注力	自信心	敏捷力	平衡能力	自控能力	独立能力
	✿				✿
观察能力	抗挫折力	自我认知	语言表达	团队协作	沟通交际
✿	✿				

还可以这样做

家长可以带孩子去农场，亲身体验播种、施肥、浇水、开花、结果，培养他们爱自然、爱劳动的好品质。

图书在版编目（CIP）数据

爸爸妈妈陪孩子一起玩游戏 / 苏哲编著 . -- 长春：
吉林科学技术出版社，2022.11
ISBN 978-7-5578-9572-3

Ⅰ . ①爸… Ⅱ . ①苏… Ⅲ . ①游戏课－学前教育－教
学参考资料 Ⅳ . ① G613.7

中国版本图书馆 CIP 数据核字（2022）第 166964 号

爸爸妈妈陪孩子一起玩游戏
BABA MAMA PEI HAIZI YIQI WAN YOUXI

编　　著　苏　哲
出 版 人　宛　霞
责任编辑　王运哲
封面设计　冬　凡
幅面尺寸　145 mm × 210 mm
开　　本　32
印　　张　5
字　　数　32 千字
页　　数　160
印　　数　1-20 000 册
版　　次　2022 年 11 月第 1 版
印　　次　2022 年 11 月第 1 次印刷

出　　版　吉林科学技术出版社
发　　行　吉林科学技术出版社
地　　址　长春市福祉大路 5788 号龙腾国际大厦 A 座
邮　　编　130118
发行部传真 / 电话　0431-81629529　81629530　81629231
　　　　　　　　　　81629532　81629533　81629534
储运部电话　0431-86059116
编辑部电话　0431-81629380
印　　刷　三河市万龙印装有限公司

书　　号　ISBN 978-7-5578-9572-3
定　　价　42.00 元